Alle Altersstufen

Eckhard Berger

Camille Pissarro

Anmalen und weitergestalten

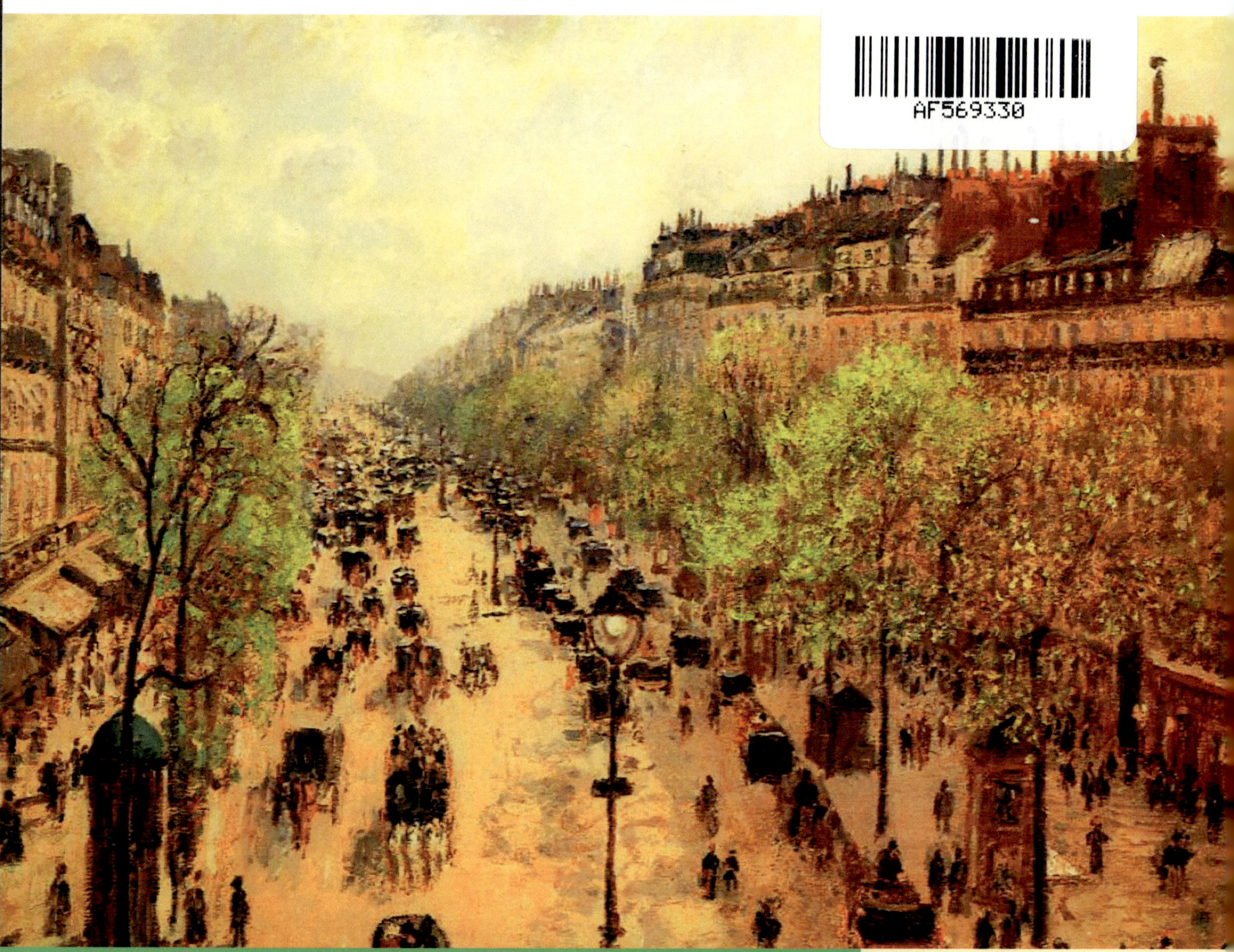

- Aufgaben und Projekte zum Leben und Werk des Künstlers
- Hochwertige Abbildungen und prägnante Sachtexte
- **Ein Schulmalbuch**

www.kohlverlag.de

Camille Pissarro

... Anmalen und weitergestalten

1. Auflage 2021

Idee & Text: Eckhard Berger
Grafische Gestaltung: Eckhard Berger
Satz: Kohl-Verlag
Fotos: Archiv teamberger, Barbara Berger, AdobeStock.com
Druck: farbo prepress GmbH, Köln

Bestell-Nr. 12 707

ISBN: 978-3-98558-093-4

Inhalt

CAMILLE PISSARRO
Anmalen und weitergestalten – Bestell-Nr. 12 707
KOHL VERLAG

Camille Pissarro - Anmalen und weitergestalten gehört zu der neuartigen Schulmalbuchreihe, die als Schülerarbeitsbuch oder als Kopiervorlagenwerk einsetzbar ist. Sie führt konzeptionell innovativ und genial einfach ganz direkt in das Leben und in das Werk der großen internationalen Künstler aus Vergangenheit und Gegenwart. Schülerinnen und Schüler aller Klassen und Schulformen erwerben begeistert Wissen, malen Bilder farbenprächtig an und gestalten sie ideenreich weiter. Mit fantastischen Ergebnissen belohnen sie sich und werden schnell Kunstexperte. Lehr- und Lerneffizienz sind garantiert.

Der Maler und Grafiker Camille Pissarro gehörte zu den wichtigsten, genialsten und produktivsten Künstlern des Impressionismus. Er war die treibende Kraft und Vorbild für junge und nachfolgende Künstler. Über 2.000 Gemälde und nochmals ebenso viele Zeichnungen und Druckgrafiken schuf er. Bereits als Schüler zeichnete er unermüdlich Landschaften in seine Hefte, fand Förderer, studierte ergeizig Kunst und hatte Kontakt zu den bedeutenden Künstlern seiner Zeit. Erst mit 60 Jahren konnte er von seiner künstlerischen Arbeit leben. Seine fünf Söhne wurden wie er Künstler. Bis heute arbeiten zahlreiche Mitglieder der Familie Pissarro erfolgreich im Kunstbereich.

Camille Pissarro - Anmalen und weitergestalten beinhaltet viele prägnante Texte und hochwertige Abbildungen. Alle Aufgaben, die sich in jedes beliebige Format kopieren lassen, sind sorgfältig ausgewählt und erprobt. Sie können chronologisch als Reihe oder beliebig einzeln als Haupt-, Ergänzungs-, Vertiefungs- oder Nebenthema in allen Kunstunterrichtsformen inner- und außerschulisch eingesetzt werden. Auf Grund ihres hohen Selbsterklärungs- und Aufforderungscharakters ist eine Unterrichtsvorbereitung (fast) nicht notwendig. Nach einer kurzen Einführung starten die Schülerinnen und Schüler. Hauptarbeitsmittel sind neben dem Bleistift die Farbstifte (Faser-, Filz- oder Buntstifte). Auf größeren Formaten kann mit Tuschfarben gearbeitet werden.

Viel Freude und Erfolg wünschen bei dem Einsatz des Schülerarbeitsbuchs und Kopiervorlagenwerks **Camille Pissarro - Anmalen und weitergestalten** der

Kohl-Verlag und Eckhard Berger

Camille Pissarro

Camille Pissarro, geboren in Charlotte Amelie auf der Antilleninsel St. Thomas, zeichnete bereits als Schüler unentwegt Landschaften in seine Hefte, setzte sich gegen seinen Vater durch und wurde ein führender Künstler des Impressionismus. Er hatte Kontakt zu den großen Künstlern seiner Zeit. In und um Paris schuf er viele seiner Meisterwerke. Auch ärmere Menschen machte er zum Bildthema. Eine große Ausstellung hatte er in New York. Seine Meinung zu politischen und gesellschaftlichen Themen äußerte er öffentlich. Deshalb verließ er Paris und hielt sich zwischenzeitlich in London und Brügge auf.

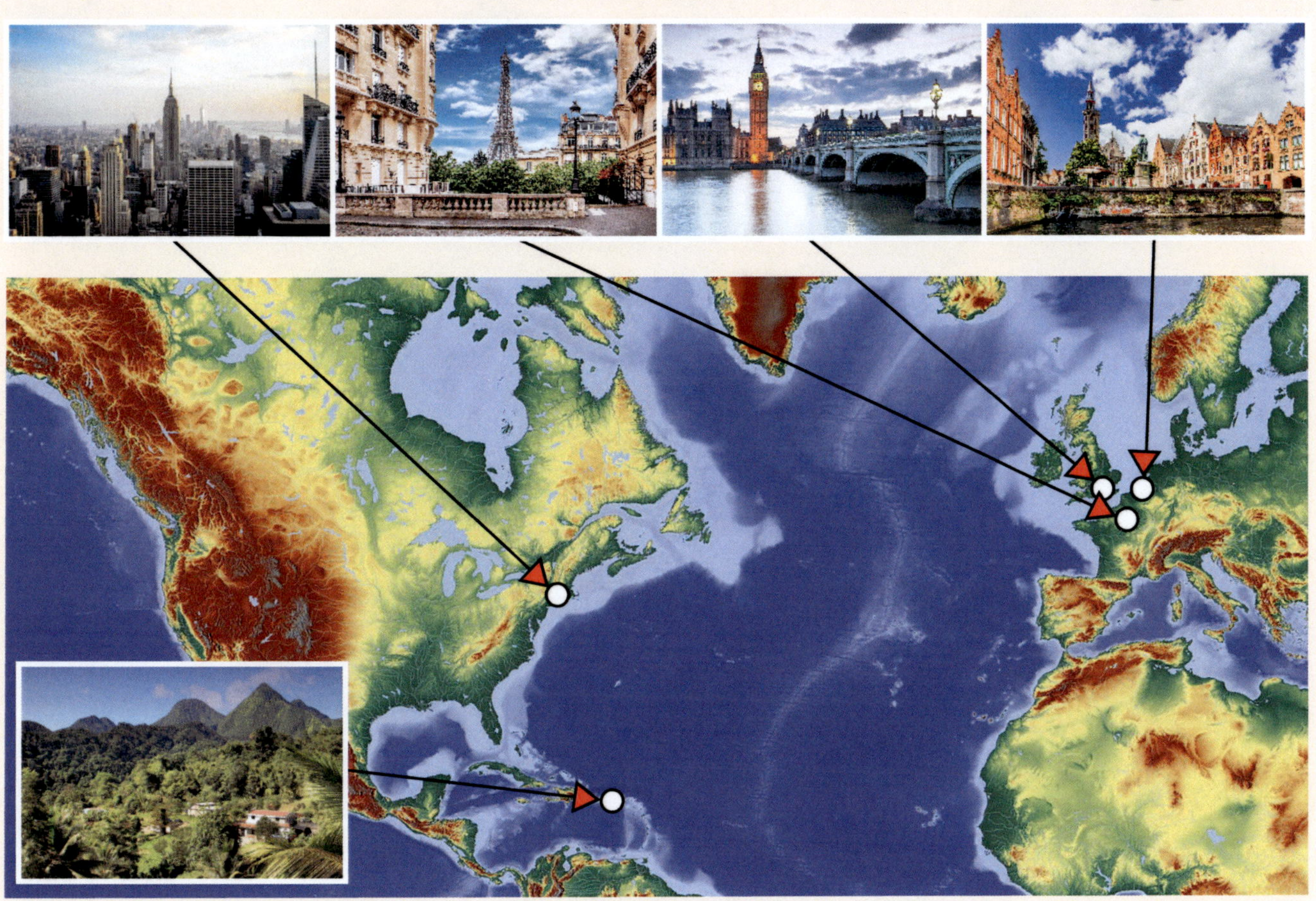

Schaue dir die Landkarte mit den Orten an, wo er sich aufhielt, malte und ausstellte. Finde sie im Atlas. Male die Orte rot an.

Camille Pissarro schrieb so seinen Namen auf seine fertigen Kunstwerke:

C. Pissarro

Schreibe daneben deine Unterschrift.

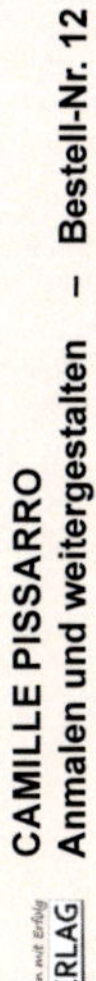

Er malte sich in dem Bild „Selbstporträt", als er 43 Jahre alt war. Beschreibe ihn und male ihn weiter an.

CAMILLE PISSARRO

Jean-Baptiste-Camille Corot **Monte Soracte** 1827

Wie sein Lehrer Corot wollte er zeichnen und malen. **Male das Bild an.**

Camille Pissarro **Porträt des Félix Pissarro** 1881

Camille Pissarro hatte mit seiner Frau Julia sieben Kinder, **Lucien**, **Jeanne**, **Georges Henri**, **Ludovic Rodolphe**, **Jeanne**, **Félix** und **Paul Émile**. Fünf waren Söhne. Sie wurden später alle Künstler. Félix, der auch in der Familie **Titi** genannt wurde, war der drittälteste Sohn. Er war von allen der wohl vielversprechendste. Er erkrankte an Tuberkulose und starb mit 23 Jahren.

Beschreibe ihn, male seine Mütze an und gestalte einen Hintergrund.

In dem Ölgemälde **Straße in Pontoise** (1868) zeigt er dir, wie er gekonnt im impressionistischen Stil den Eindruck einer Straße bei Paris darstellen konnte. **Zeichne sie nach unten und rechts weiter und male sie an.**

Male sein Gemälde „Landschaft bei Pontoise“ (1874) weiter an.

Er malte und zeichnete gerne Porträts. Hier hat er seinen Freund Paul Cézanne, ein berühmter Maler der Moderne, 1874 in dem Bild „Porträt des Paul Cézanne“ dargestellt. Zeichne ihn unten bis an den Blattrand weiter und male ihn an.

KOHL VERLAG CAMILLE PISSARRO Anmalen und weitergestalten – Bestell-Nr. 12 707

In **Holzfäller** (1878) zeigt er dir einen Holzfäller bei seiner beschwerlichen Arbeit. **Male bis an die Blattränder weiter.**

Camille Pissarro lernte Georges Seurats
Stil, Pointillismus, kennen und mochte
ihn anfangs. Male Seurats Bild „Ein
Sonntagnachmittag auf der Insel La Grande Jatte“ (1884-1886)
mit vielen kleinen bunten Punkten rechts weiter.

Schaue dir das Bild „Kinder auf dem Bauernhof" (1887) an. Es besteht aus bunten Tupfen und ist vom Pointillismus beeinflusst. **Tupfe es mit Wattestäbchen und Tuschfarben oder Farbstiften bunt bis an die Blattränder weiter.**

Camille Pissarro
Heuernte bei Éragny 1889

Der Einfluss des Pointillismus wurde in seinem Werk stets weniger, denn er empfand den Stil als besonders zeitraubend. **Male die Frau und das Heu mit vielen bunten Punkten an.**

ERNST-LUDWIG KIRCHNER
Anmalen und weitergestalten – Bestell-Nr. 12 706
KOHL VERLAG

Mit der Druckgrafik **Markt in Gisors** (1895) zeigt er dicht gedrängt Menschen auf dem Markt des nordwestlich von Paris gelegenen kleinen Ortes. **Male alles an.**

Camille Pissarro **Bäuerin**
(4. Viertel 19. Jahrhundert)

Immer wieder bezog er Menschen in sein Werk ein, auch die Ärmeren. Male die Bäuerin an.

In der Zeichnung **Frau pflückt Kohl** (um 1890) stellte er wieder dar, wie schwer die Menschen der unteren Gesellschaftsschichten für ihren Lebensunterhalt arbeiten mussten. Er nahm zu vielen gesellschaftlichen und politischen Fragen öffentlich Stellung. **Beschreibe die Arbeit der Bäuerin. Zeichne der Frau ein Feld mit Kohlköpfen, die sie noch ernten muss.**

Zu den berühmtesten Bildern des Künstlers zählt **Boulevard Montmartre** (1897). Es zeigt dir die bekannte Straße des Vergnügungsviertels Montmartre in Paris. **So fertigst du daraus ein Puzzle: Klebe das Bild auf ein Stück Karton oder Pappe. Schneide die einzelnen Teile auf der Strichlinie aus. Schon kannst du mit dem Spiel starten.**

Beschreibe die Druckgrafik **Die Gänsehirtin** (um 1898) und zeichne sie bis an die Blattränder mit einem Bleistift weiter.

1901 malte er als Gruppenbild **Heuernte bei Éragny. Vergleiche es mit dem gleichnamigen Werk von 1889 und entdecke Unterschiede im Stil und Inhalt.**

Finde die beiden Frauen in seinem Bild. Zeichne in den Umrissen weiter und male alles an. Klebe ein Blatt Papier an und stelle eine weitere Frau dar.

1903, wenige Wochen vor seinem Tod, malte er die Brücke und die historische Ansicht von Brügge. Das Bild ist eine Erinnerung an sein Exil 1894 in Belgien nach der Ermordung des französischen Präsidenten. Er floh dorthin, denn er wollte nicht unter Tatverdacht geraten und verfolgt werden.

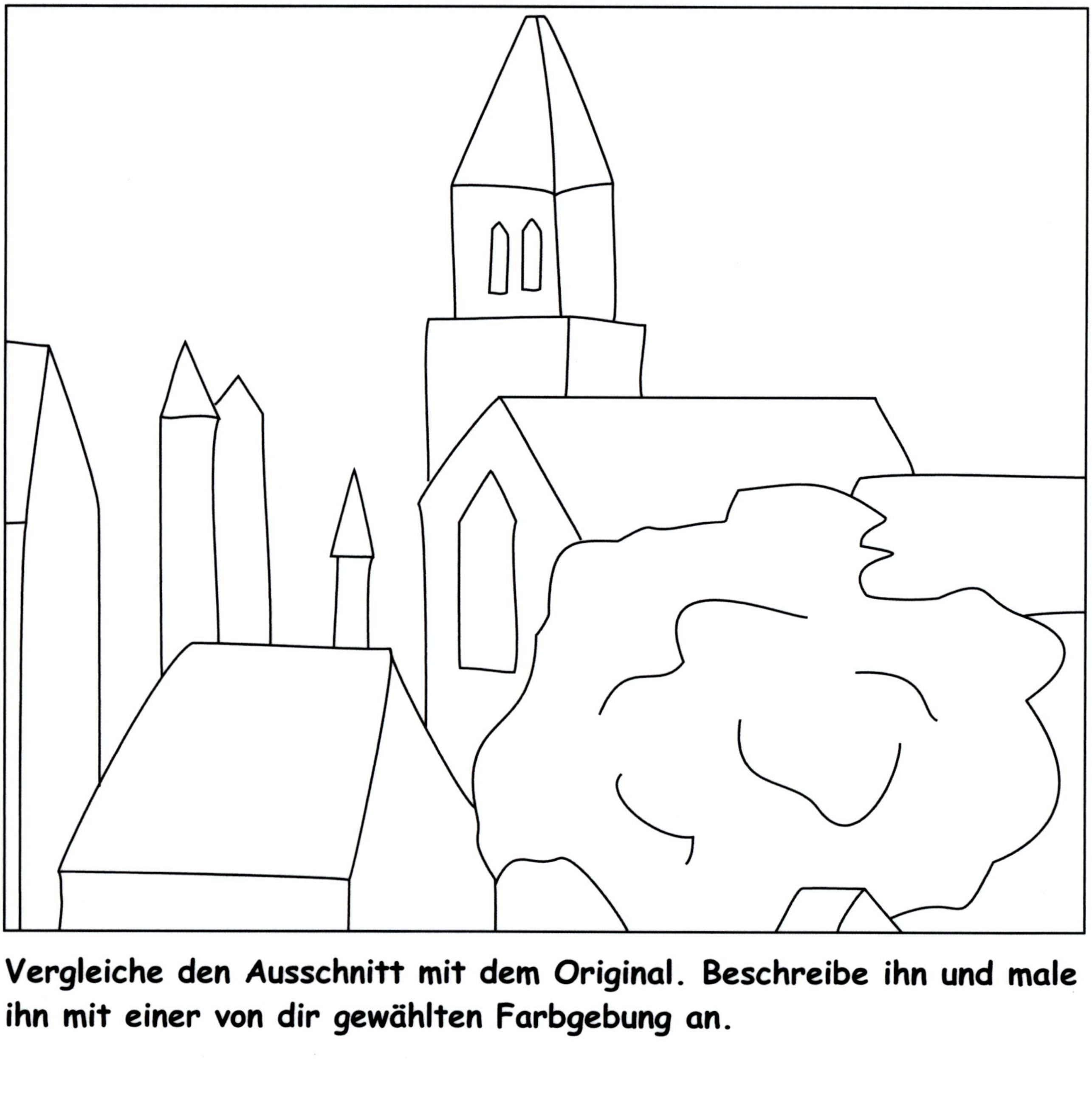

Vergleiche den Ausschnitt mit dem Original. Beschreibe ihn und male ihn mit einer von dir gewählten Farbgebung an.

CAMILLE PISSARRO
Anmalen und weitergestalten ■ Bestell-Nr. 12 707
KOHL VERLAG

Pierre-Auguste Renoir **Porträt Paul Durand-Ruel** 1910

Camille Pissarro hatte es dem Galeristen Paul Durand-Ruel zu verdanken, dass er - wenn auch erst mit 60 Jahren - von seiner Kunst leben konnte. Sie lernten sich 1871 in London kennen und freundeten sich an. Durand-Ruel, der mehrere Galerien besaß, kaufte von ihm und anderen impressionistischen Künstlern Werke an, um sie auszustellen und Interessierten zum Kauf anzubieten. **Zeichne ihn auf der Strichlinie weiter und male ihn an.**

CAMILLE PISSARRO
Anmalen und weitergestalten – Bestell-Nr. 12 707
KOHL VERLAG

Weitere Informationen über Camille Pissarro

Camille Pissarro, dessen vollständige Vornamen **Jacob Abraham Camille** waren, wurde am 10. Juli 1830 in Charlotte Amelie auf der Antilleninsel St. Thomas (Foto) in eine wohlhabende Familie geboren und starb am 13. November 1903 in Paris.

Camille Pissarro **Zwei Frauen am Meer ins Gespräch vertieft, St. Thomas** 1856

Sein Vater **Abraham Gabriel Pissarro** hatte portugiesische und seine Mutter **Rachel Manzano-Pomié** spanische Vorfahren. Auf der Antilleninsel betrieb der Vater eine Eisenwarenhandlung und pflegte gute Verbindungen nach Frankreich.

Pissarro hielt sich in seiner Jugendzeit von 1842 bis 1847 in Frankreich auf und besuchte das Gymnasium von Passy bei Paris, wo er ein sehr großes Interesse am Zeichnen zeigte. Sein Kunstlehrer **Auguste Savary**, Gründer und Leiter der Schule, förderte ihn. Pissarro zeichnete ständig Landschaften in seine Hefte.

1847 holte ihn sein Vater zurück. Er sollte im Betrieb auf St. Thomas mitarbeiten. Pissarro hielt sich aber lieber im Hafen auf, um dort zu zeichnen.

Dabei lernte er den erfahrenen dänischen Maler **Fritz Melbye** kennen, der sofort sein Talent bemerkte und ihn förderte. Gegen den Widerstand seines Vaters begleitete Pissarro den Künstler 1852 nach Venezuela.

1854 kehrte er zurück und errang die Zustimmung seines Vaters, Künstler werden zu dürfen, und seine finanzielle Unterstützung.

1855 reiste Pissarro endgültig nach Paris. Dort auf der Weltausstellung erlebte er über 5000 Kunstwerke, zum Beispiel von **Jean-Baptiste-Camille Corot,**

Eugène Delacroix und **Jean-Auguste-Dominique Ingres**. Besonders beeindruckten ihn die Arbeiten des Landschaftsmalers und Grafikers Corot (Foto).

Jean-Baptiste-Camille Corot **Brücke bei Narni** 1826

Er begann, an der **École des Beaux-Arts** in Paris zu studieren. Später, von 1859 bis 1861, lernte er an der **Académie Suisse**.
Unter dem Einfluss von Corot malte Pissarro anfangs Landschaften, die gut bei Kritikern ankamen, aber weniger gut bei der Öffentlichkeit. Um Geld zu verdienen, bemalte er nebenbei Rollos und Fächer.
Mittlerweile wohnte er nahe bei Paris bei seinen Eltern, die nach Frankreich zurückgezogen waren. In ihrem Haus begegnete er der Bediensteten **Julie Valley**, mit der er bald zwei uneheliche Kinder hatte.

Claude Monet **Impression Sonnenaufgang** 1873

Paul Cézanne **Mont Saint-Victoire** 1904

Auch lernte er **Claude Monet** und **Paul Cézanne** (Foto) kennen. Zu Monet

hatte er eine besonders enge Freundschaft. 1865 und 1866 kamen Kontakte zu **Alfred Sisley**, **Auguste Renoir** und **Édouard Manet** dazu.
Pissarro löste sich zunehmend von seinem Lehrer Corot, entwickelte immer mehr seinen eigenen Stil und hatte Ausstellungen. 1866 und 1868 wurden seine Bilder im **Salon** in Paris gezeigt.
Oft arbeitete er mit **Claude Monet** und **Pierre-Auguste Renoir** zusammen. Sie malten das gleiche Motiv, aber bewahrten ihren eigenen Stil. Pissarro bezog dabei Menschen vermehrt ein. Am Ende der 1860er Jahre galt er als Hauptvertreter des Impressionismus.
1870 floh er nach London und blieb dort bis 1871, um dem Deutsch-Französischen Krieg zu entgehen. Seine Werke musste er zurücklassen. Sie wurden zum großen Teil von deutschen und französischen Soldaten als Belag auf dem Rasen benutzt und zertrampelt.
In London heiratete er seine Geliebte **Julie Vellay**, die mit dem dritten Kind schwanger war. Insgesamt hatten sie später sieben gemeinsame Kinder. Ihre fünf Söhne wurden anerkannte Künstler.
Zwischen 1874 und 1886 nahm er an acht Impressionistenausstellungen teil. 1884 zog er nach Éragny bei Paris. 1886 zeigte er erstmals außerhalb von Europa, in New York, seine Bilder.
Er ließ sich in dieser Zeit von **Georges Seurat**, dem Begründer und Hauptvertreter des Pointillismus, und **Paul Signac** für den pointillistischen Stil, Punktestil, begeistern. Bald empfand er ihn aber einengend und zeitraubend. Er distanzierte sich von ihm und arbeitete wieder impressionistisch.
Sein Hauptthema wurden Stadtmotive in heller und ruhiger Farbigkeit. Neben Gemälden entstanden viele Zeichnungen und Druckgrafiken.
1892 schaffte er den ersehnten großen Durchbruch mit Hilfe des Kunsthändlers **Paul Durand-Ruel** auf einer Retrospektive. Seine Bilder wurden zu guten Preisen gekauft, sodass er von dem Erlös leben konnte.
Zu politischen und gesellschaftlichen Themen nahm er privat und öffentlich oft Stellung und scheute auch keine Konflikte. Als ein italienischer Arnachist den französischen Präsidenten ermordet hatte, ging er 1894 mit seiner Familie für eine kurze Zeit in das Exil nach Belgien. Er fürchtete, unter Verdacht zu geraten und verfolgt zu werden.
Im fortgeschrittenen Alter litt er immer wieder unter einer Augeninfektion, sodass es für ihn schwierig war, im Freien zu arbeiten. Er malte dann aus den Fenstern seines Hauses und einiger Pariser Hotels.
Als er starb, hinterließ er eine große Zahl an Bildern. Die Todesursache war vermutlich eine Blutvergiftung.
Ein 2005 erschienenes Verzeichnis listete 1528 Ölgemälde auf. Seit 1980 erinnert das nordwestlich in Paris gelegene **Musée Camille Pissarro** in Pontoise an sein großartiges Werk.

Abschlusstest

1. Schreibe in die Lücken.

   Camille Pissarro wurde im Jahr ________ in ________________________

   ____________________________ geboren und starb im Jahr ________ in

   _____________________________.

2. Unterstreiche die Künstler, die einen fördernden Einfluss auf ihn hatten.

   Paul Klee   Fritz Melbye   Pablo Picasso   Jean-Baptiste-Camille Corot

3. Warum floh er 1871 nach London?

   ____

4. Welchen Beruf hatten seine fünf Söhne?

   ____

5. Nenne die beiden Kunstrichtungen, in denen er arbeitete. Unterstreiche die Richtung, zu deren wichtigsten Vertretern er zählte.

   ____

6. Setze das Jahr und den Namen richtig ein.

   ________ schaffte er den großen Durchbruch durch den Kunsthändler

   ______________________________.

7. Nenne den Bildtitel und die Entstehungszeit.

   ____

   ____

CAMILLE PISSARRO
Anmalen und weitergestalten – Bestell-Nr. 12 707
KOHL VERLAG

Lösungen

1. 1830 in Charlotte Amelie, Antilleninsel St. Thomas
   1903 in Paris

2. Fritz Melbye
   Jean-Baptiste-Camille Corot

3. Um dem Deutsch-Französischen Krieg zu entgehen.

4. Künstler

5. Impressionismus
   Pointillismus

6. 1892
   Paul Durand-Ruel

7. **Boulevard Montmartre**
   1897

Camille Pissarro
Heu tragende Frauen
um 1874

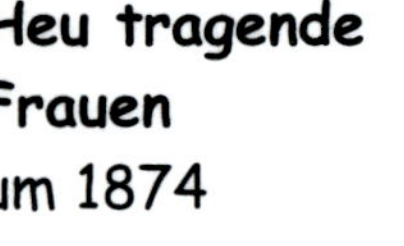

Galerie

Camille Pissarro **Postkutsche von Louveciennes** 1870

Camille Pissarro **Straße** 1870

Camille Pissarro **Straße von Louveciennes** 1872

Camille Pissarro **Waschplatz von Pontoise** 1872

Camille Pissarro **Postkutsche nach Ennery** 1877

Camille Pissarro **Kuhhirtin** 4. Viertel 19. Jahrhundert

Autor

www.teamberger.de teamberger@web.de

Eckhard Berger

Autor, Künstler, Designer, Kunsthistoriker und Kunstreferent

- Geboren am 06.06.1951
- wohnt und arbeitet in Brake/Unterweser
- Kunst-, Pädagogik-, Psychologie- und Soziologiestudium, Universität Oldenburg
- Seit 1987 internationale Kunstausstellungen, Events und Kooperationen mit Künstlern, Galerien und Kulturinstitutionen
- Moderne Grafik, Skulpturen, Kunstkonzepte, Schmuck- und Möbeldesign
- Design der Freizeitmodekollektion ***Segelimagination*** (www.redbubble.com)
- Werke im privaten und öffentlichen Besitz
- Grafikeditionen für Liebhaber und Sammler
- Gründung der Aktion ***Kunst hilft****, Bilderspenden für wohltätige Organisationen und Hilfs- und Umweltprojekte*
- Innovative Förderkonzepte für Kinder und Jugendliche
- Autor von neuartigen Praxisbüchern für den modernen Kunstunterricht in Deutschland, Österreich und der Schweiz, andere Fachbereiche (Psychologie, Wahrnehmung, Kreativität und Ernährung) und für die Freizeit
- Kooperation und gemeinsame Bücher und Publikationen mit der Autorin Barbara Berger
- Vorträge zu populären Pädagogik-, Psychologie-, Kunst-, Kunstpädagogik-, Kunstgeschichts- und Kreativitätsthemen
- Mitwirkung in TV- und Kinofilmen

Über 100 Bücher aus dem Kohl-Verlag verfügbar, u.a.

Farbtopf (Vorschule, GS)
Kunterbunte Farbtopfgeschichten (Vorschule, GS)
Kunststarter (Vorschule, GS)
Konzentrieren können (Vorschule, GS)
Zeichnen können, 4 Bände (Vorschule, GS)
Schwungübungen (Vorschule, GS)
Bunte Farbe (GS)
Kunstwerke für Schulen, 3 Bände (GS)
Kunst fachfremd unterrichten (GS)
Entspannungsmalen (GS)
Kunst in Kürze (GS)
Buchstaben- und Zahlengeschichten (GS)
Zahlen (GS)
Buchstaben (GS)
Kinder fit fördern, 3 Bände (GS)
Kinderkunstland (GS)
Bildstarke Geschichten (GS)
Emmas Kunstentdeckungen, 2 Bände (GS)
Kunst in 3 Niveaustufen (GS)
Anmalen & Weitergestalten für kleine Künstler (GS)
Freies Kreativzeichnen (GS)
Kunstwerke entdecken und anmalen (GS)
Kompetenzförderung Rätseln, zeichnen & anmalen (GS)
Kompetenzförderung Geschichten lesen, zeichnen & anmalen (GS)
Kompetenzförderung Wahrnehmen, sich konzentrieren, zeichnen & anmalen (GS)
Kunstbonbons, 5 Bände (GS)
Kreatives Gedächtnistraining (GS)
Vertretungsstunden Kunst (GS)
Vincent van Gogh - Anmalen und weitergestalten, Schulmalbuch, 24 Bände mit Claude Monet, August Macke, Paul Cézanne, Ernst Ludwig Kirchner, Camille Pissarro, Lucas Cranach, Jan van Eyck, Jean-François Millet, Henri Rousseau, Caspar David Friedrich, Paul Klee, Gustav Klimt, Der Blaue Reiter, Paula Modersohn-Becker, Pieter Bruegel, Paul Gauguin, Albrecht Dürer, Rembrandt, Édouard Manet Leonardo da Vinci, Edgar Degas, Henri de Toulouse-Lautrec, Franz Marc, Jan Vermeer, Peter Paul Rubens, Georges Seurat, Gustave Courbet, Vincent van Gogh, Pierre-Auguste Renoir (GS, SEK)

Superleckere Smoothies, 2 Bände (GS, SEK)
Superleckere Smoothies und Shakes (GS, SEK)
Anmalen und Weitergestalten für kleine Künstler (GS,SEK)
Kunstgeschichte für Kinder (GS, SEK)
Farbe - Komplette Theorie im modernen Kunstunterricht (SEK)
Design - Moderner Kunstunterricht in der Sekundarstufe (SEK)
Moderne Kunst, 3 Bände (SEK)
Künstler in die Klassen, 3 Bände (SEK)
Kunstwerke für Schulen, 3 Bände (SEK)
Kunst in Kürze (SEK)
Kunstauge (SEK)
Kunst COOL, (SEK)
Kunsttipp & Co, 3 Bände, (SEK)
Kunstknaller, 2 Bände (SEK)
Logikrätsel Kunst, 2 Bände (SEK)
Kreuzworträtsel Kunst (SEK)
Emmas Kunstentdeckungen (SEK)
Wir werden Kunstprofi, 2 Bände (SEK)
Kunst fachfremd unterrichten (SEK)
Entspannungsmalen, 2 Bände (SEK)
Internationale Gegenwartskunst (SEK)
Kunst in 3 Niveaustufen (SEK)
Freies Kreativzeichnen (SEK)
Raum und Perspektive (SEK)
Die Kunstepoche Impressionismus (SEK)
Die Kunstepoche Expressionismus (SEK)
Die Kunstepoche Realismus (SEK)
Kreatives Gedächtnistraining (SEK)
Große Kunstgeschichte, 2 Bände (SEK)
Kunstquizzer (SEK)
Vertretungsstunden Kunst (SEK)
Kreative kurze Kunstprojekte (SEK)
Moderne Kunst, 3 Bände (SEK)
Kunstthema Landschaft (SEK)
Kunstthema Alltag (SEK)
Kunstthema Porträt (SEK)
Kunstthema Stillleben (SEK)
Die große Graffitischule (SEK)